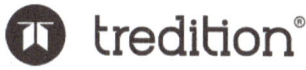

tredition®

www.tredition.de

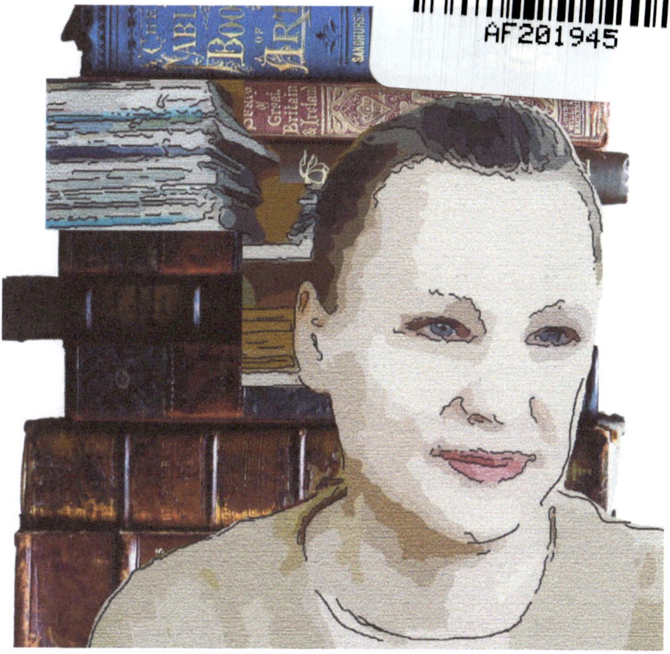

Heike Gewi, 1964 in Dessau geboren, ausgezogen in die Vulkansteinlandschaft Jemen, das Fürchten zu lernen. Doch dann kam alles ganz anders. Die Landschaft, die ich als zweite Heimat wählte, ist politisch in ständiger Bewegung, verwandelt sich, lagert um - wie Sanddünen, die mit dem Wind wandern. *Den Wind jagen* heißt auch, Dinge zu entdecken, die sich hoffentlich nie ändern.

Meinen Kindern

Für Frauen
Platz machen –
Mandelblüten

Heike Gewi

Den Wind jagen

Haiku

www.tredition.de

Umschlagbild, -gestaltung, Haiga, Übersetzung:
Heike Gewi

Verlag: tredition GmbH, Hamburg
ISBN: 978-3-8495-3808-8
Printed in Germany

Inhalt

Prolog

Wie der seltsame
Baum – schlage ich
Wurzeln
Sand färbt sich rot

Die Tigerin zieht
Ihre Krallen ein
Lernt
Fliegen

Mauern schrumpfen
Mit Abstand
Betrachten – die Nähe
Bewirten

Spring wind
In her eyes
Seeing green

Arabischer Frühling

1001 ... Nacht
in den Straßen
unzählige Menschen

1001 ... nights
in the streets
countless people

Sturm wirbelt Kiesel auf
im trocknen Flussbett
marschieren Rebellen

strong winds swirl peddles
in the dry riverbed
marching rebels

Märzniesel
über durstigen Wurzeln
vergossene Tränen

March drizzle
over thirsty roots
shedded tears

Gewehrschüsse ... Erblühen
zwei Seiten bitten
um Gottes Beistand

gun shots ... blossoming
both sides ask the same god
for support

Ilbblüten
nach Leben streben, wenn
das Schicksal gehorcht

Ilb flowers
going for life when
destiny obeys

Berg Shu'aib erklimmen
der Frühlingsmorgen
der Rebell
die Flöhe

climbing Jabbal Shu'ayb
the spring morning
the rebels
the fleas

Die Hecke erhelln
mit gelben Fäden – Maler
und Berberitzen

brightening the hedge
with yellow strings ...
painter and barberry's bloom

Durch das Fenster flieht
eine Echse – gejagt
von Quitteblüten

through the window
a lizard flees
chased by quince blossoms

Der Sturm
hat viel zu Boden gebracht –
Quitteblüten

the storm
has knocked down a lot –
quince flowers

Dem Land und Hexengras
Unbekannte ...
Hirsesaat

they are new
to land and witchweed ...
millet seeds

* Witchweed, witches weed (lat./dt. Striga = alte Hexe)

Auch du
machst Nachtschicht?
… brütender Specht

you too
take the night shift?
… breeding woodpecker

Ich füg eine Blume
nach der andren ein ...
Email zum Muttertag

I paste one flower
after another ...
email on Mother's Day

Das Tal aufwärts
verfolgen wir den Frühling –
Distelblüten

up from the wadi
we track the spring –
thistle blossoms

Kondenswasser *
walle, walle – ein Quell
für Spatzen und Katzen

air con droppings
well, well – a well it is
for sparrows and cats

* *tropfendes Kondeswasser der Klimaanlagen*

Nachbars Klimaanlage läuft
zwischen Kieseln
doch noch ein Pflänzchen

neighbour's air con runs
among wet pebbels
at least a plant

Aus uralten Steinen
herauskommen …
Persische Veilchen

coming out
of ancient stones …
persian violets

the colours crawl

back into the land

thistle blossoms at dawn

Die Farben kriechen
ins Land zurück
Distelblüten im Morgengraun

Baumwollblüten –
Weiß als ich ankam,
Rot als ich ging

cotton blossoms –
white when I arrived
red when I left

Die Palmtaube eilt sich,
kleine Zweige zu sammeln ...
sanfter Niesel

the palm dove's hurry
to pick little twigs ...
light drizzle

Der große Mond
lässt sich in Jasminbüschen nieder –
Nachtigalllied

the big moon
settles in jasmine shrubs –
nightingale's song

Sich das Singen
verkneifen …
Dieser Bulbul!

taking a rain check
on singing …
that bulbul!

Klänge,
ineinander verschmelzen …
Bulbul und Regen

sounds
melting into each other...
bulbul and rain

Sing, Schwarzkehlchen!
Jetzt hab auch ich's gesehn ...
Feigenkakteen erblühn

Sing, stonechat! Sing!
Now I've seen it too ...
Prickly pear blossoms

O, lila Rätsel!
Wie viel Zeit braucht dieser Weg?
Dornapfelblüten *

O, purple mystery!
How much time will take this road?
Sodom blossoms

* *Dornapfel-, Sodomapfelblüten (Jericho-Tomate)*

Gefangen
in krankem Körper – schmerzhaft
die Palmenblüte

trapped
in a sick body – painful
palm trees' bloom

Palmblüten
im Brief beschrieben –
meine Nichte mag Eierkuchen

palmblossoms
the letter says
my niece loves pancake

Im warmen Sand
ein Fall für Feuerameisen –
Schildkrötennest

In warm sand
a case for fire ants –
turtle's nest

Glühendes Licht
durch mein Fernglas
erster Amethystglanzstar

burning light
through my binoculars
first Amethyst Starling

Stundenregen.
Mag'res Land bricht sein Schweigen.
Gräser erzählen.

one-hour rain
meagre land brakes its silence
grasses tell

Schwarzdorn in Blüte –
die Ziege und ich starren
auf den gleichen Baum *

blackthorn in bloom –
the goat and I stare
at the same tree

* *Schwarzdorn-Akazie*

Würziger Schatten
meines neu gefund'nen Schirms ...
*Akazienblüte ***

sweetened shadow
of my new found umbrella ...
acacia's bloom

* *Schirmakazie*

Narzissenduft
die Dichterin wendet sich
vom Spiegel ab

Daffodil scent –
the poetess turns away
from the mirror

Gegen's Himmelsblau
schwingen sich rote Flügel ...
des Stolzen Herzstück

against blue sky
red wings sway ...
pride's heart *

* *Pride of Barbados (Stolz v. Barbados, Pfauenstrauch)*

Schafweide,
ein Wölkchen in Sokotras Bäumen
reife Datteln

grazing sheep,
a cloud in Socotra's trees
ripening dates

Sonnenstrahlen
spielen mit dem Herz der Palme ...
Datteln reifen

sunrays play with
a palm tree's heart ...
ripening dates

Blätter verloren –
der Fenchel zeigt auf
den Schwalbenschwanz

some leaves lost –
the fennel points at
a swallowtail*

* Swallowtail (Schmetterlingsart: Schwalbenschwanz)

Genesung
im Mauerriss die roten Sterne
der Wüstenrose

recovery
in a wall crack red stars
La rose du desert

Akhrabas Roseneibisch
kreiseln
auf dem Weg nach Haus'

Akhraba's rose of sharon
circling
on my way home

Kat kauen,
ihre Pläne werden größer ...
blätterndes Grün

chewing khat
their plans get bigger ...
leafing green

Im Glas
dreht sich der Skorpion.
Mondleuchten.

in a jar
the scorpion takes turns
moon glow

Tihama-Mond …
Skorpione führen
einen Tanz auf

Tihama moon …
scorpions perform
a dance

Staubwolken
das Hochland hinauf
feurige Augen

dust clouds
up to the Highlands
burning eyes

Wie eine Rose
im weißen Gebinde ...
Lackbaumblüten

like a red rose
in a white bunch ...
flame of the forest

Hochwasser –
die Palmen haben nichts
gegen nasse Füße

flood water –
palm trees don't mind
to have wet feet

Jasminblüten
in Kamelspuren …
singender Girlandenhändler

jasmine petals
in camel tracks …
singing garland vendor

Ständiges Rufen ...
Juniperbeeren
von Drosseln gepflückt

calling frequently ...
juniper berries
picked by thrushes *

* *Yemen thrush, dt. Jemendrossel*

Monsunwind,
gottgesegneter Zauber!
Die Mücken weggeblasen.

Monsoon wind,
god- blessed magic!
Mosquitos blown away.

Stürmische See
seit einer Weile schon
nur gepökelter Hai

storming sea
since a while
the only fish dried shark

Am Strand Fischerboote
aneinanderreihen ...
tobendes Meer

at the shore
ranking fisherboats ...
a rough sea

Regenwasser –
die Steine
ziehen weiter

runoff water –
the stones
move on

Die Grillen
im Jasmin –
Nachtplausch

crickets
in the jasmine –
night chat

Atemberaubend,
sie fädelt Blüten auf ...
Jasminhalsband

breath taking
she beads blossoms ...
jasmine necklace

Spinne und Milbe,
erspart mir eure Albernheit!
Mariengold blüht.

Spider and mite,
spare me your silly!
Mary's Gold blooms.

Monsunwolken
zwei Falter schütteln
Tropfen ab

Monsoon clouds –
two butterflies shake off
raindrops

Genieß die kleinen Dinge
– flüstert er –
Kaktusfrucht im Angebot *

enjoy the little things!
– he whispers –
offering prickly pears

* *Früchte des Feigenkaktus*

Mittagswolken
zieh'n vorbei – zieh'n vorbei
Ameisen den Tank hinab

clouds about noon
passing by – passing by
ants down the tank

As-Saharieg –
leere Zisternen
auch diesen Sommer

As-Saharieg* –
so empty tanks
this summer too

* As-Saharieg ist der Name der Zisternen im Adener
Stadtteil Tawila (Cisterns of Tawila)

*Bausch'ge Sommerwolken
über leeren Zisternen –
Lasst los! Lasst los!*

*puffy summer clouds
over empty tanks –
let it go! let it go!*

Eines gemeinsam,
der Sommerhimmel und ich –
leere Wassertanks

one thing in common
the summer sky and I –
empty water tanks

Eine ganze Stadt
bricht in Schweiß aus –
die Tanks noch immer leer

breaking out in a sweat
the entire city –
the tanks still empty

verlornes Puzzlestück
vom Wind verweht
ein Rosenblütenblatt

missing puzzle piece
taken by the wind
a rose petal

Ich erwähne
den Regenbogen –
vor weißer Iris

I mention the rainbow –
in front of
white iris

ein weißer Zipfel
verbringt die Nacht draußen –
Iriskelch

white end
passes the night outside –
Iris bell

Kerne überall,
gegen keinen Wind spucken ...
coole Melone

seeds everywhere
spitting against no wind ...
cool melon

Breites Lächeln
unter und überm Moskitonetz –
Neugebornes

bright smile under
and above the mosquito net –
newborn

Über Mangroven
ein Landeruf – kleine Schnäbel
öffnen sich

above the mangrove
a landing call – little heron bills
open

Nach der Fütterung
in bequemer Haltung –
der Riffreiher

after the feeding
'at ease' posture –
reef heron

Putzen beendet –
Uhrzeiger und Riffreiher
bolzengerade

preening finished –
clock hands and reef heron
bolt upright

Niesel
auf steinigen Ebenen
Quittenfrüchte

drizzle
on rocky plains
quince apples

Durch meinen Zukunftssalat
die vierzig Regentage
… streunen

walking
the forty days of water
through my future salad

Mondbeleuchtete
Quittenfrucht – Großmutter
wird Neunzig

moonlit quince ...
grandma turns
ninety

Gewitterwolken –
ein Zauberer pflanzt Amulette
an der Grenze

thunderheads –
a sorcerer plants amulets
at the borderline

Donnergrollen –
heraneilende Wasser weiten
ihr Bett aus

rumbling thunder –
on-rushing waters
widen out their beds

Blitze im Himmelsgrau
ein Silberband – Wadi Zabid
besetzen

lightning in gray skies
a silver ribbon – casting
Wadi Zabid

Baumwollköpfe –
als hätte der Mond
entbunden

cotton bolls –
as if the moon
gave birth

Hirsekörner
auf Augenhöhe –
Bauern marschieren ein

millet grains
at eye level
farmers march in

Einige Köpfe
tauchen auf, verschwinden –
Hirseernte

some heads pop up
some disappear –
millet harvest

Klarer Himmel

mit den Blumen

auf Regen warten

Mangoernte –
die Sonne schält
ein Menschengesicht

mango harvest –
the sun peels
a man's face

Tag der Einheit –
für Viertklässler
eine neue Lektion

Unity Day –
for fourth-graders
a new lesson

Der Bauer gräbt
in seiner Truhe herum ...
"s'ist Zeit, Bambushut!"

The peasant digs
around in his chest ...
"It's time, bamboo hat!"

Sich bewegen,
gackern wie eine Henne …
der Strohhut

moving
cackling like a hen …
straw hat

Gurkenschwemme –
mal Scheiben, mal Streifen
auf unsren Gesichtern

cucumber glut –
one day slices, one day stripes
on our faces

Warmer Regen tropft
von reifen Tomaten …
der Ruf nach Salat

warm rain drips
from ripe tomatoes …
the call for salad

Ein reizender Platz,
auch um Zwiebeln abzuhängen …
Babyschwalben

a lovely hang-out
for my onions too …
baby swallows

Der Geschmack grüner Bohnen
und ein Schwalbenlied –
Sommer dieses Jahr

the taste of green beans
and a swallow's song –
this year's summer

Angst
vor Grüntaubenschiss –
Pechsträhne!

afraid
of green pigeon droppings –
bad patch!

Die Mohnblüten stehn aufrecht.
Ich korrigiere
meine Haltung.

The poppies stand tall
I correct

my posture

hg

Fühlt euch wie daheim,
Grüntauben!
… einen Feigenbaum begutachten

make yourself at home
green pigeon
checking a fig tree

Lila Schals
gehn durch meinen Kopf –
Grüntauben gesehn

purple scarf's
crossing my mind –
green pigeon seen

Eine für mich,
eine für dich! …
Grüntauben picken an Feigen

one for me
one for you! …
green pigeons peck at figs

Der Monsunregen
verlangsamt sich zum Niesel …
schläfrige Palmtaube

monsoon rain
slowing to a drizzle …
sleepy palm dove

Überraschende Kälte
vom einsamen Akazienbaum
Spechtklopfen

surprising chill
from a lonely acacia
woodpecker's drumming

Erntemond –
rote Kaffeebeeren
im Ziegengedärm

harvest moon –
red berries
in a goat's gut

Wag dich zum Rennen!
Ein Papayablatt landet
im Eselkarren.

O, dare me to race!
Yellow pappaw leaf landing
on a donkey cart.

Papayablatt –
des schlafenden Wachhundes
zweiter Hut

pawpaw leaf –
today the sleeping guard dog
wears two hats

Verschwinde, du Wurm!
Goldgefunkel am Boden
Papayablätter

begone you worm!
golden sparkles on the ground
papaya leaves

Am Strand der Wandel
Mein lautloses Profil
Grüne Kokosnüsse

at the beach I change
my profile settings: silent
green coconuts

Sommertage –
vergessen, wie lang
die Straßen sind

Tag der Revolution
und Ebbe – der Müll
nun aufgedeckt

Revolution Day
and low tide – the garbage
now uncovered

Tag der Revolution.
Ich bin eingeladen
zu d r e i Hochzeiten.

Revolution Day
I'm invited to
t h r e e weddings

Kaukabans neue Frucht ...
Weißt du wie man einweckt?
Ziegen kau'n Oliven.

Kawkaban's new fruit ...
Do you know how to pickle?
goats chewing olives

Unabhängigkeitstag –
einen Tag mehr
frei

Independence Day –
one more day
free

Am Hügel, gold-gerahmt
der summende Baum – Abendlicht
für Jarrahblüten *

on a hill, golden framed
the buzzing tree – sunset
for jarrah flowers

* *Eukalyptusblüten*

Traurige Töne
über einem kaputten Reifen …
Lerchenlied *

sad notes
about a flat tyre …
lark song

* *Haubenlerche (auch im Jemen heimisch)*

Schlossgarten

um die Teekanne

Kreise ziehn

hg

castle garden
around the tea pot
going in circles

Das Teeglas
wärmt des Bauern Hände –
Bergtau

the tea glass
warms up farmers' hands -
mountain dew

Tee, endlich
zwischen Büschen
singt die Lerche

tea at least
between bushes
the lark sings

Akazienstille
am Fuß des Berges Samir …
Kleiner Grünling ist fort

acacias' silence
on Jabal Samir's foot …
*little green left ***

* Little Green, Little Green Bee-eater (dt. Smaragdspint,
Vogel aus der Familie der Bienenfresser)

Grüne Schwärme
in einer Brise von Nord
leere Zweige

green swarms
in a breeze from north
empty twigs

Wind bläst
Akazienblätter
über den Berg
kleine Grünlinge

wind blows
acacia leaves
over the mountain
little green

zwischen Wolken
die Seele eines Kriegers ...
Schwarzer Milan

between clouds
the soul of a warrior ...
black kite

"*All night long*"
im Mokkaduft die alte Melodie
der Laubheuschrecke

"*All night long*"
in mocha scent the old tune
katydid

Wie das Tor selbst
weit geöffnet – Flügel
eines Schwarzen Milan *

like the gate itself
wide open –
wings of a black kite

* *Tor der Tränen (Bab Al-Mandab; Zugvogelpassage)*

Thistles burst
at the end of the day …
a sentence gets away

NW-Monsun
schiebt den Mond höher
Heulen

NW monsoon
pushes the moon higher
howling

Kamele ziehn hölzerne Pflüge
über Terrassen
Mandelblüten

camels pull wooden ploughs
across terraces we came
almond flowers

Mit Lilien teilen,
was vom Tag geblieben ist ...
die Eintagsfliege

sharing what's left
of the day with lily ...
whirring mayfly

Der Bienenkorb
nun höher in den Bäumen
auch der Honigdachs

the bark hives
now higher in the trees
the honey badger, too

Blätter fallen.
Wir kehren zurück zum Sinn
der Einfachheit.

leaves fall
we return to the sense of
simplicity

Weinmond –
seine Schwere
selbst im Teeglas

Wine moon –
its heaviness
even in a tea glass

In Tau taucht sie
eines andern salziges Brot –
Exilmond

In dew she dips
another's salty bread –
exiled moon

Granatäpfel platzen …
wir sind bereit
zu Neuwahlen *

Pomegranates burst …
we are ready
for new elections

* Arabischer Frühling

Der Türvorhang bauscht auf.
Ich füge Geister
in die Geschichte ein.

The door curtain billows.
I put a ghost
in my novel.

Krustenmond –
laufen und streiten
gegen den Wind

crusty moon –
walking and nagging
against wind

which dreams do
they pursue
traffic noises

?

Welche Träume
Verfolgen sie
Verkehrsgeräusche

Herbstdisteln –
mein Pinsel gewöhnt sich
an Kaffee

autumn thistles –
my brush gets used
to coffee

Al Hajn –
Kamele treten an
Suche nach meiner Brille

Al Hajn* –
the camels line up
search for my glasses

* Al Hajn, Kamelwettrennen im Nordjemen

Schraubenwurmpest –
er schreibt "Gott ist der Größte"
auf das einz'ge Kamel

screw worm outbreak
spelling Allahulakbar
on his only camel

Zurückblickend
die Spur einer Hornviper? …
Dünensurfen

looking back
the path of a horned viper? …
dune surfing

Auf meinem Balkon
Kräuter suchen und einen Streit ...
junge Krähe

on my balcony
picking herbs and a quarrel ...
young crow

Der Spatz
verschluckt eine Fliege –
den Krähen zuhören

the sparrow
swallows a fly –
listen to crows

haze of myrrh
my silentness flies
into the blue hour

hg

Myrrheduft.
Mein Schweigen fliegt
in die blaue Stunde.

Nach der Hitze
das Coole – meine Katze spricht
mit einer Krähe

After the heat
the cool –
my cat talks to a crow

Advent –
die Myrrhe schafft es
durch Omas Geschichte

Advent –
making it through granny's tale
*the myrrh **

*** Advent (Ankunft; engl.: arrival)*

Erntezeit –
der Bauer melkt
seinen Myrrhebaum

harvest time –
the farmer milks
his myrrh trees

Wolken sammeln sich
zwischen den Bergen
Orchideenduft

clouds gather
amid the mountains ...
orchid fragrance

Berg Raymah
erklettern …
Orchideenduftwolken

climbing up
Jabel Raymah …
whiffs of orchids

153

Wurzeln,
die ich nie schlagen werde …
Arabische Orchideen

roots
I will never take …
Arabian orchids

Auf Orchideen reagieren …
die Biene
der Mensch

responding to orchids …
the bee
the man

Oleander –
sein Duft noch am Zweig
nachttaumelnd, weiß

Oleander –
its fragrance still at the branch
night tumbling, white

Stille See –
einbeinige Flamingos
erzählen vom Mittag

silent sea –
one-legged flamingos
tell of noon

Ein Blatt im Wind
leckt Tautropfen …
verhüllte Echse *

a leaf in the wind
licks dew drops …
veiled lizard

* *Jemenchamäleon*

Abendrot zum Anstarren
selbst für Kamele ...
Wüste

sunset to stare at
even for camels ...
desert

Mandelblüten

ihre Augen

jagen den Wind

hg

Almond blossoms
Her eyes
Chasing the wind

Hennah –
eine Wahrsagerin spricht
über Mittel und Wege

Hennah –
a fortune teller
talks about my way

Kirschblüten
In meiner Hand
Hennah

cherryblossoms
in my hand
hennah

Vom Messer tropft
mein Name –
Winterhonig

From the knife
drips my name
winter honey

Ich entschied,
mit Worten zu kämpfen …
der hellste Stern

I chose
to grapple with words …
the brightest star

Regen kräuselt
die Stille der Vögel ...
Stern hohen Alters

rain ripples
the silence of the birds
Star of Old Age*

* *Canopus*

Entgegenlächeln
dem neuen Morgenlicht ...
Aufsteigen des Sirius

Smiling
towards the new dawn ...
rising of Sirius

Auf dem Hackbrett
tote Fliegen – ich brenne
Myrrhe jeden Montag

on the chopping board
dead flies – I burn
myrrh every Monday

Monat des Glaubens
betreten von einer Ameise
meine Welt heute

moon of faith
entered by an ant
my world today

Ramadan –
Energielos
In der Schule

Ramadan –
power off
at school

after fresh dates
the face meets dust –
*Allahull-Akbar ***

Nach frischen Datteln
trifft das Gesicht auf Staub
Allahull Akbar

hg

Die Dattelschale,
ein begehrter Fleck auch für Ameisen
*Al-Fatoor **

the date bowl
a hot spot for ants too
Al-Fatoor

* *Frühstück im Ramadan (Zeit des Sonnenuntergangs)*

Die Sechs des Schawwal –
im Abendlicht ernte ich
ein Lächeln von fahlen Gesichtern

the Six of Shawwal –
at twilight I reap a smile
of pale faces

Gottesteilchen –
die Eindrücke meiner Taten
abklopfen

particles of god
pondering the imprints
of my actions

Tor des Jemen –
eine Karawanenlänge
Al-Challul lauschen

Bab Al Yemen –
listening to Al-Khallool
one caravan long

Lailatul Qadr –
Millionen Sterne unbeachtet
über'm Heiligen Buch

*Lailatul Qadr * –*
A million stars unwatched
over the Holy Book

* Allmächtige Nacht od. Nacht der Allmacht/des All-
machtigen (engl.: Night of [the]Power[ful]); in ihr
wurde der Koran herabgesandt

Laster mit Schafen vollgestopft,
noch blöken sie …
Opferfest

lorries crammed with sheeps
yet they are baaing …
Eid-ul-Adha

Den roten Teppich
auslegen …
das Große Fest

laying out
the red carpet …
Eid Al-kabir

"Brot und Salz!"
sagen sie – aufgetischt
das Lamm zum Fest

"bread and salt!"
they say – serving
lamb for Eid

Ihr Pilgerbeutel –
für die elfte Nacht
ein rosa Négligé

her pilgrimage bag –
for the eleventh night
a pink négligé

Fünfzehn Jahre – erstmals
am Grab meines Sohnes ...
Nacht der Erlösung

fifteen years – first visit
to my son's grave ...
Night of Salvation

Civil war 1994

Bürgerkrieg –
Männer graben in den Straßen
nach Grundwasser

civil war –
men dig in the streets
for groundwater

Unter Beschuss
Kondenswasser der Klimaanlage
sammeln

under fire –
we're collecting condensate
from the air con

Bombenhagel –
zu viele Einladungen
zu viele Hochzeiten

bombing raids –
to many invitation letters
to many weddings

end of civil war
my niece's doll can't cry
any more

Bürgerkriegsende –
die Puppe meiner Nichte kann
nicht mehr weinen

Bürgerkriegsende –
Melonen rollen
im Konvoi heran

end of civil war –
melons roll near
in heavy convoys

Die Wüste im Oktober

Am Lagerfeuer
noch nie so erfüllt gewesen ...
Sternschnuppen

around the campfire
never felt so content ...
shooting stars

Streunende Kamele
das einzige Lebenszeichen –
Milchstraße

a few stray camels
the only sign of life –
Milky way

Verkürzter Tag am Grab:
der Hund bewacht noch immer
Frauchens neues Zelt

shortened day at a grave:
the dog kept guarding
his mistress' new tent

Der Wüstenwolf gräbt
eine tiefe Höhle –
die Sonne sinkt

the desert wolf digs
a deep burrow –
the sun sinks

zusammen …
dem Wolfsgeheul
lauschen

together …
listening to
the wolves howl

Dem Riss
in der Lehmwand folgen …
Pegasusquadrat

following the crack
in a mud wall …
Pegasus' square

SOKOTRA

Seltsamer Planet ...
über Drachenblutbäumen flieg ich
zurück zu bekanntem Grund

strange planet ...
over dragon's blood trees I
fly back to a known land

wohl heimgesucht –
Kormorane kehren zurück
von Schiffwracks

possibly haunted
cormorants return
from shipwrecks

Wonneinsel –
all die Flaschenbäume,
die mich durstiger machen

Island of Bliss –
all those fat bottle trees
make me much more thirsty

Insel der Seligkeit
rau, heiß, trocken – kam ich
zur eignen Meinung

The Island of Bliss
harsh, hot, dry – I got
my own opinion

Malerisch
alle sandigen Strände
n u r für Vögel

picturesque
all sandy beaches
just for birds

Nachwort

Alle Haiku-Gedichte in diesem Buch sind im Zeitraum von Januar 2008 – 2012 entstanden und bis auf einige Ausnahmen, als Beiträge zur World Kigo Database zu verstehen. Betreiberin dieser ungewöhnlichen Datenbank ist Frau Gabi Greve. Mit ihrer Hilfe/Anleitung konnte das Jemen-Saijiki (Yemen-Saijiki) systematisch nach Jahreszeitworten für Bildungszwecke aufgebaut werden. Dieses Jahr nun, 2013, habe ich die Beiträge ins Deutsche übersetzt, zusammengefasst und für Interessierte in Buchform gebracht.

Der Leser kann sich vorstellen, dass es mir, die vor über zwanzig Jahren neu im Land war, viel Spaß gemacht hat herauszufinden, wie *diese* Pflanze oder *jener* Vogel heißt. Einheimische befragt, kam die Antwort: "Blaue Blume. – Gelber Vogel."

Das hätte bezeichnender Weise der Titel des Buches sein können. Doch wenn aus einer Brise ein Sturm wird, seit März 2010, dann rückt der Wind naturgemäß in den Vordergrund, zumal dieser jede Jahreszeit durchzieht.

The End

www.tredition.de

Über tredition

Der tredition Verlag wurde 2006 in Hamburg gegründet. Seitdem hat tredition Hunderte von Büchern veröffentlicht. Autoren können in wenigen leichten Schritten print-Books, e-Books und audio-Books publizieren. Der Verlag hat das Ziel, die beste und fairste Veröffentlichungsmöglichkeit für Autoren zu bieten.

tredition wurde mit der Erkenntnis gegründet, dass nur etwa jedes 200. bei Verlagen eingereichte Manuskript veröffentlicht wird. Dabei hat jedes Buch seinen Markt, also seine Leser. tredition sorgt dafür, dass für jedes Buch die Leserschaft auch erreicht wird

Autoren können das einzigartige Literatur-Netzwerk von tredition nutzen. Hier bieten zahlreiche Literatur-Partner (das sind Lektoren, Übersetzer, Hörbuchsprecher und Illustratoren) ihre Dienstleistung an, um Manuskripte zu verbessern oder die Vielfalt zu erhöhen. Autoren vereinbaren unabhängig von tredition mit Literatur-Partnern die Konditionen ihrer Zusammenarbeit und können gemeinsam am Erfolg des Buches partizipieren.

Das gesamte Verlagsprogramm von tredition ist bei allen stationären Buchhandlungen und Online-Buchhändlern wie z. B. Amazon erhältlich. e-Books stehen bei den führenden Online-Portalen (z. B. iBookstore von Apple) zum Verkauf.

Seit 2009 bietet tredition sein Verlagskonzept auch als sogenanntes "White-Label" an. Das bedeutet, dass andere Personen oder Institutionen risikofrei und unkompliziert selbst zum Herausgeber von Büchern und Buchreihen unter eigener Marke werden können.

Mittlerweile zählen zahlreiche renommierte Unternehmen, Zeitschriften-, Zeitungs- und Buchverlage, Universitäten, Forschungseinrichtungen, Unternehmensberatungen zu den Kunden von tredition. Unter www.tredition-corporate.de bietet tredition vielfältige weitere Verlagsleistungen speziell für Geschäftskunden an.

tredition wurde mit mehreren Innovationspreisen ausgezeichnet, u. a. Webfuture Award und Innovationspreis der Buch-Digitale.

tredition ist Mitglied im Börsenverein des Deutschen Buchhandels.

Zeitfracht Medien GmbH
Ferdinand-Jühlke-Straße 7
99095 Erfurt, Deutschland
produktsicherheit@kolibri360.de